AF547089

DAS WACHE AUGE

Waldkindergarten „Zauberwald" in Idstein

Sonja Schmitz
Projektleitung

Ein Projekt im

47
EDITION
ERNEUERUNG GEISTIGER WERTE

Dr.-Ing.-Hans-Joachim-Lenz-Stiftung

ISBN 978-3-938088-50-0
1. Auflage März 2017

Bibliographische Information der Deutschen Bibliothek:
Die Deutsche Bibliothek verzeichnet die Publikation in der Deutschen Nationalbibliothek; detaillierte Daten sind im Internet über http://dnb.ddb.de abrufbar.

Graphische Gestaltung: Hans-Jürgen Wiehr

Herstellung: BoD - Books on Demand, Norderstedt
Printed in Germany

Inhalt

Vorwort der Stiftung

Vom ersten Lebensjahr an entdecken Kinder die Welt und ihre eigenen Fähigkeiten. Die Erwachsenen jedoch meinen, Kinder belehren zu müssen, woraus die Welt besteht und wie man mit ihr zurechtkommt. Belehrt werden von so klugen Erwachsenen ist aber für Kinder eines der schlimmsten Dinge in der Welt.

Somit wird nicht der Lehrende, der erwachsene Mensch durch die Stiftung gefördert, sondern die Kinder, die mit der Förderung auf eine Reise geschickt werden, die Welt und sich selbst zu entdecken.

Die Reaktionen der Kinder, die Fortschritte in ihrer Entwicklung und auch die Aussagen von Eltern bestätigen der Stiftung, dass das Projekt *Das wache Auge* einen kleinen, aber sehr wirksamen Beitrag zur Bildung und Kultur der jungen Menschen liefert.

Hans-Joachim Lenz
Stifter und Vorstand

Dr.-Ing.-Hans-Joachim-Lenz-Stiftung
Stiftung zur Erneuerung geistiger Werte

Worte von Dr. Renz-Polster

Also heute habe ich schon meine Dosis an „Wow" gehabt. Einfach, indem ich das vorliegende Büchlein durchgelesen habe. Was Kinder alles anpacken, wenn man ihnen das auch zutraut! Was sie alles sehen, was wir Großen nicht sehen! Was sie alles lernen und verstehen wollen! Und wie traurig, wenn dann diese mürrischen Erwachsenen-Kommentare kommen: die spielen ja nur. Puuuh, da bleibt mir regelrecht die Luft weg. Würden wir doch lieber mit ihnen mutiger werden! Freigiebiger mit unserem Zutrauen! Offener für den Menschen, der sich da entwickelt – der ist gewiss mehr als ein Gehirn mit Anhang, als das wir die kleinen Menschen heute so gerne sehen. Dieses Buch ist ein Buch für Erwachsene, die sich mit den Kindern auf den Weg machen. Die nicht FÜR die Kinder kluge Dinge machen (oder auch dumme, verrückte, nutzlose Dinge), sondern MIT ihnen. Wow, welche Chance für uns alle!

Herbert Renz-Polster
Kinderarzt und Wissenschaftler

Worte der Projektleiterin

Im Herbst 2016 verbrachte ich einige Tage im Waldkindergarten „Zauberwald" in Idstein. Die Kinder von morgens bis mittags bei all ihren Aktivitäten beobachten zu dürfen, bereicherte mich sehr. Es war beeindruckend, wie wissbegierig, emsig, ausdauernd und phantasievoll die Kinder sich den vielfältigsten Tätigkeiten widmeten. Ihre unermüdliche Freude am Spielen war ansteckend, die Ernsthaftigkeit ihres Spiels erstaunlich. Mehrfach bekam ich zu hören, dass sie bei ihrer „Arbeit" nicht gestört werden wollten. Als ich im Anschluss an die Beobachtungstage meine Notizen auswertete und die zahlreichen Fotos betrachtete, erkannte ich, worauf der „Zauber" des Waldkindergartens beruht: hier darf ein Kind tatsächlich Kind sein. Es darf selbst entdecken, beobachten, mit allen Sinnen wahrnehmen, ausprobieren, scheitern, weitermachen, sich bewegen, nachdenken, begreifen und wissen. Das alles wird ihm im Waldkindergarten „Zauberwald" ermöglicht, denn hier bewegt es sich in einer Umgebung, die – jeden Tag von neuem – seine schöpferischen Fähigkeiten herausfordert.

Besonders bedanken möchte ich mich bei der Dr.-Ing.-Hans-Joachim-Lenz-Stiftung, die dieses Projekt initiiert, finanziert und ideell gefördert hat. Ebenso danke ich der Leiterin des Waldkindergartens Frau Margit Kluge und ihren drei Kolleginnen für ihre Unterstützung vor Ort. Mein herzlicher Dank gilt den Kindern, die mir vertrauensvoll und freimütig begegnet sind.

Sonja Schmitz

Zum Glück habe ich, gleich den meisten Kindern, das fürs Leben Unentbehrliche und Wertvollste schon vor dem Beginn der Schuljahre gelernt, unterrichtet von Apfelbäumen, von Regen und Sonnenschein, Fluss und Wäldern, Bienen und Käfern [...] Ich wusste Bescheid in der Welt, ich verkehrte furchtlos mit Tieren und Sternen, ich kannte mich in Obstgärten und im Wasser bei den Fischen aus und konnte schon eine gute Anzahl von Liedern singen.

(Hermann Hesse: *Kindheit des Zauberers,* S. 16 f)

1 Einführung

Wir Menschen besitzen eine Fähigkeit von unschätzbarem Wert: wir können das Leben in all seiner Fülle wahrnehmen. Mit allen Sinnen ausgestattet, riechen, schmecken, fühlen, hören und sehen wir. Das Auge ist dabei unser „Fenster in die Welt". Öffnen wir es, sehen wir in der Kürze eines Augenblicks, wie hell oder dunkel es ist, welche Farbe etwas hat und wie es geformt ist, wie weit es vom Auge entfernt ist und ob es sich bewegt oder nicht. Wir entscheiden, worauf und wie lange wir auf etwas blicken wollen, um es entweder nur oberflächlich oder in seiner Gesamtheit aufzunehmen.

Die Vielschichtigkeit dessen, was wir über das Auge wahrnehmen können, findet ihren Ausdruck in der Vielzahl der Worte, die unsere Sprache für das „Sehen" bereithält. Wir können ein Bild in aller Ruhe betrachten, kurz auf die Uhr schauen, die Nachbarn kritisch beäugen, nach den ersten Frühlingsblumen Ausschau halten oder unseren Blick liebevoll über ein schlafendes Kind gleiten lassen. Oftmals löst das, was wir sehen, eine Empfindung in uns aus. Ein selbst gesäter und jetzt in frischem Grün sprießender Pflanzentrieb erfüllt den Gärtner mit Stolz, ein farbenfroh blühendes Blumenmeer entzückt den Kurparkbesucher, ein prachtvoller Sonnenuntergang lässt das am Meeresstrand sitzende Liebespaar wohlig erschauern. Das Angeschaute beglückt uns, berührt uns tief im Innern, bringt eine Saite in uns zum Klingen, erinnert uns an längst vergessen Geglaubtes, lässt uns etwas erkennen oder in seiner Ganzheit begreifen.

Kleine Kinder stehen der Vielfalt der Welt noch staunend gegenüber. Sie vermögen, sich stundenlang mit ein- und demselben Gegenstand zu beschäftigen. Sie ertasten und betrachten ihn von allen Seiten, riechen an ihm, nehmen ihn in den Mund und schütteln ihn, um ihm ein Geräusch zu entlocken. Die Freude, Bereicherung und das Glück, die sie im Spiel mit diesem Gegenstand erfahren, ist ihnen an den leuchtenden Augen abzulesen.

Je älter die Kinder werden, desto bereitwilliger lassen sie, dem Vorbild der Erwachsenen folgend, ihr Leben von technischen Errungenschaften bestimmen. Früh kommen sie mit Internet, Computerspielen und Fernsehen in Berührung. Der kurze Sehabstand beim langen Schauen auf den Bildschirm und das oftmals unzureichende, künstliche Licht strapazieren die Sehkraft der Augen über Gebühr. Ärztlichen Studien zufolge steigt die Zahl der kurzsichtigen Kinder in den letzten Jahren stetig. Zusätzlich treiben wir unsere Augen zum schnellen Sehen an. Flink erfasst unser Auge die Informationen, die uns in Form von Schrift, Daten, Symbolen und Bildern auf winzigen Bildschirmen angezeigt werden. In diesem Schnell-Seh-Modus verhaftet, sehen wir während eines Tages unglaublich viel, aber kaum einmal genau hin und auch über einiges hinweg. Wir erlauben den Augen nicht, bei einer Feinheit zu verweilen oder unseren Blick endlos in die Ferne schweifen zu lassen. Unsere ehemals „wachen" Augen werden müde und schlafen ein.

Die vorliegende Dokumentation veranschaulicht, wie beglückend und bereichernd es für Kinder ist, wenn sie genügend Freiraum erhalten, sinnliche Erfahrungen zu machen und ihren schöpferischen Geist auszuleben. In einem Waldkindergarten haben Kinder die Möglichkeit, sich in einem von der Natur gestalteten Erlebnisraum zu bewegen, unzählige Dinge zu entdecken und auszuprobieren. Der Wald bietet einen bunten Reigen von Eindrücken: Pflanzen, Tiere, Farben, Formen, Gerüche. In aller Ruhe wenden sich die Kinder dem zu, von dem sie sich spontan angezogen fühlen. Sie saugen alles auf, beobachten und untersuchen, hinterfragen und tauschen sich mit den Erzieherinnen und Spielkameraden aus. Auf diese Weise erschließen sie sich die Welt.

Sie spielen mit allem, was der Wald für sie bereithält. In diesem natürlichen Umfeld werden Kreativität und Phantasie angestachelt und die körperliche und geistige Entwicklung vorangetrieben. Die Kinder bewegen sich auf unebenem Waldboden und meistern natürliche Hindernisse, was Kraft und Ausdauer schult. Da sie sich permanent an der frischen Luft aufhalten, sind sie widerstandsfähiger äußeren Einflüssen gegenüber. Dinge auszuprobieren, zu scheitern, sie nochmals zu versuchen und ein selbst gestecktes Ziel zu erreichen, stärkt ihr Selbstbewusstsein. Die ganzheitliche Entwicklung der Kinder wird gefördert, da nicht nur ein Sinn, sondern mehrere Sinne gleichzeitig angesprochen werden.

Tagtäglich derart sinnliche „Feuerwerke" zu erleben, ist eine Bereicherung und eine positive Grundlage ihres Lebens. Da ihre „Antennen" unentwegt „auf Empfang" stehen, wird die Fähigkeit, mit allen Sinnen wahrzunehmen, beständig verfeinert und tief verankert. Die Kinder erleben, wie beglückend und bereichernd es ist, „wachen" Auges durch die Welt zu gehen. Diese Gewissheit kann im Laufe eines Lebens zwar verdeckt werden, verloren geht sie jedoch nicht. Diese Zuversicht schwingt auch in den Worten eines sechsjährigen Mädchens mit, das über den bevorstehenden Wechsel in die Schule spricht: „Aber meinen Wald nimmt mir keiner!"

2 Der Waldkindergarten „Zauberwald“

Die Umgebung

Zwischen Limburg an der Lahn und Frankfurt am Main liegt nördlich von Wiesbaden im Rheingau-Taunus-Kreis die hessische Kleinstadt Idstein. Urkundlich erstmals im Jahre 1102 erwähnt, lockt Idstein heute mit seinem mittelalterlichen Stadtkern und den bis zu fünf Jahrhunderte alten Fachwerkhäusern zahlreiche Besucher an. Neben der Kernstadt gehören elf weitere Stadtteile zu Idstein, darunter Heftrich als ältester und größter mit rund 1600 Einwohnern. Seit dem frühen Mittelalter findet auf der Alteburg südlich von Heftrich der Alteburger Markt statt. War es früher in erster Linie ein „Vieh- und Krammarkt“, so warten auf den heutigen Besucher des dreimal jährlich stattfindenden urwüchsigen Volksfestes über dreihundert Standbesitzer, die ihre Waren zum Verkauf anbieten. Der Ort Heftrich liegt in einer Talmulde im Quellgebiet des Schlabachs.

Die Gründung

Frau Dr. Gitta Zimmermann gründete im Jahre 2000 den Verein „Die Schlammteufel e.V.“ und schuf damit die rechtliche Basis für die Eröffnung des Naturkindergartens „Zauberwald“ in Waldems-Steinfischbach (Rheingau-Taunus-Kreis, Hessen). Der als gemeinnützig anerkannte Verein ist freier Träger des Kindergartens. Da sich der Kindergarten über die Mitgliedsbeiträge allein nicht finanzieren konnte, waren die Eltern von Beginn an bemüht, zusätzliche Spenden oder eine Bezuschussung seitens der Gemeinde zu erwirken. Steinfischbach konnte dies nicht leisten, daher wandten sich die Eltern an die Stadt Idstein. Die Stadt versicherte dem Kindergarten, ihn finanziell mitzutragen, wenn er im Gegenzug dafür in einen ihrer Stadtteile umziehen würde. So wurde der Kindergarten im Jahre 2003 unter der Leitung eines neu gewählten Vorstandes in Idstein-Heftrich erstmalig als reiner Waldkindergarten eröffnet.

Das Angebot

Der Waldkindergarten „Zauberwald“ bietet zurzeit 20 Plätze für Kinder im Alter zwischen drei und sechs Jahren an. Die Öffnungszeiten sind montags bis freitags von 08.00 bis 14.00 Uhr. Kinder, die nicht zum Mittagessen im Kindergarten bleiben, werden bereits um 13.00 Uhr abgeholt. Vier Erzieherinnen arbeiten im Waldkindergarten. Jeden Tag betreuen immer zwei gemeinsam die Kinder. Zwei Kolleginnen arbeiten an ein bis zwei, die anderen an drei festgelegten Tagen in der Woche.

Die Kinder in den von der Lenz-Stiftung gespendeten Regenjacken

Jede Erzieherin ist an einem festgelegten Wochentag für die inhaltliche Planung und Gestaltung verantwortlich. Sie wählt einen Tanz für den Morgenkreis aus, bereitet ein Puppentheater vor, plant Bastelangebote, Spiele u.v.m. Durch die Verknüpfung von leitender Erzieherin und einem Wochentag können die Kinder den jeweiligen Wochentag leicht herleiten. Auch im Hinblick auf neu hinzukommende Kinder hat sich diese Struktur bewährt. Die Neuankömmlinge lernen schon in der ersten Woche alle Erzieherinnen kennen, sodass eine Fokussierung auf nur eine Bezugsperson gar nicht erst entstehen kann.

Der Wandertag

Jeden Montag ist Wandertag. Vom morgendlichen Treffpunkt aus erschließen sich die kleinen Wanderer in Begleitung der Erzieherinnen den Heftricher Wald und benutzen dafür unterschiedliche Routen. Je nach Ausdauer und Motivation der Kinder werden mal kürzere, aber auch mal längere Wegstrecken zurückgelegt. In jedem Fall bleibt ausreichend Zeit für das gemeinsame Frühstück und kurze Zwischenhalte. Zur Abholzeit sind alle Kinder rechtzeitig am Sammelpunkt zurück.

Der Spielraum

Dienstags bis freitags sind die Kinder des Walkindergartens „Zauberwald" in dem von der Stadt Idstein zur Verfügung gestellten Waldgebiet zu finden. Die gesamte, nach allen Himmelsrichtungen frei begehbare Fläche liegt eingebettet zwischen sanften Hügeln und wird an einigen Stellen durch dicke, meterhohe Laubbäume überdacht. Es befinden sich hier unter anderem ein Bauwagen, eine Feuerstelle und, auf einer Anhöhe gelegen, ein aus langen Ästen gebautes Tipi. In ca. 50 Meter Entfernung vom Bauwagen, verborgen hinter einem schmalen Gang durch dichtes Strauchwerk, erstreckt sich ein weitläufiger Freispielbereich mit einer aus abgesägten Baumstämmen gefertigten Rotunde, die gleichermaßen als Frühstücksplatz und anschließend als Werkstätte benutzt wird. Ringsherum gibt es zahllose, kleine und große von der Natur bereitgestellte Abenteuerspielplätze in Form von am Boden liegenden Baumstämmen, hohen Stapeln aus aufeinandergeschichteten Ästen, Bäumen zum Klettern, rundum mit Laub und kleinen Stöcken bedecktem Waldboden und vielem mehr.

Feuerstelle

Der Bauwagen

Der Bauwagen beherbergt einen kleinen, beheizbaren Raum und einen angrenzenden Lagerschuppen für sämtliche Materialien, die benötigt werden. Nur bei frostigen Temperaturen oder sehr heftigem und langandauerndem Niederschlag frühstücken die Kinder im Bauwagen. Ansonsten verbringen die Kinder jeden Vormittag unter freiem Himmel. Dabei ist es unerheblich, ob die Sonne scheint oder der Himmel wolkenverhangen ist, ob es regnet oder schneit oder ob es frostig ist oder mild. Einzig bei vorhergesagten Sturmtiefs verbringen die Kinder ihre morgendlichen Stunden im Saal des Gemeindehauses von Heftrich.

Bauwagen

Luke und Lucky

Zur „Ausstattung" des Kindergartens gehören zusätzlich zwei Hunde. Der Rüde Luke, ein junger, noch sehr ungestümer Schützling einer Erzieherin, genießt seinen Auslauf und das Kräftemessen beim Stöckchenziehen mit den mutigen Kindern. Die Hundedame Lucky macht sich seit 13 Jahren von ihrem Bauernhof aus auf den Weg, wenn sie die ersten Eltern in ihren Autos zum Parkplatz fahren hört. Von vielen Eltern und Kindern mit Leckereien verwöhnt, begleitet sie die Kinder bis zum Bauwagen, leistet ihnen auf ihre stille und betagte Art bis mittags Gesellschaft oder tritt bereits vorher ihren Heimweg an.

Luke

Lucky

Die Rituale

Wie in jedem Kindergarten bestimmen auch im Waldkindergarten feststehende Rituale den inhaltlichen Ablauf eines Vormittags (siehe Kap. 4.1). Hierzu zählen unter anderen:

- Persönliche Begrüßung jedes einzelnen Kindes
- Morgenkreis, Einführung ins Tages- oder Wochenthema und Morgenlied
- Ankunft am Bauwagen und Sammeln des Materials, welches, passend zum jeweiligen inhaltlichen Tagesangebot, zum Freispielbereich transportiert werden soll
- Frühstück um ca. 10.00 Uhr
- Freispielzeit bis um ca. 12.00 Uhr
- Gemeinsames Aufräumen
- Abschlusskreis, Weiterführen des Tages-oder Wochenthemas und Abschlusslied

Das Konzept

Die pädagogische Ausrichtung des Waldkindergartens „Zauberwald" in Idstein ist in pädagogische Grundsätze und pädagogische Chancen unterteilt. Gearbeitet wird im Waldkindergarten „Zauberwald" entsprechend der nachstehend aufgeführten pädagogischen Grundsätze:

- Wir respektieren uns und gehen liebevoll miteinander um.
- Wir gehen auf individuelle Wünsche ein.
- Wir nehmen Gefühlsäußerungen ernst.
- Da wir Wert auf ein lebendiges und konkurrenzloses Miteinander legen, verzichten wir auf Gewinner- und Verliererspiele.
- Wir vertrauen und helfen uns gegenseitig und sind bereit zu teilen.

- Wir schenken dem Zyklus der Jahreszeiten besondere Aufmerksamkeit und beobachten genau, was mit den Tieren, Pflanzen und Elementen in den jeweiligen Jahreszeiten passiert und welche Rolle wir dabei spielen.
- Wir feiern die rituellen jahreszeitlichen Feste, um den Kreislauf der Natur zu ehren.
- Wir lernen, eigenverantwortlich und gemeinschaftsfördernd zu agieren.
- Wir stillen unser ureigenes Bedürfnis nach körperlicher und geistiger Aktivität.

Folgende pädagogische Chancen sehen die Erzieherinnen für Kinder, die den Waldkindergarten besuchen:

- Die Kinder leben ihren natürlichen Bewegungsdrang aus.
- Sie stärken durch das drei- bis vierstündige Spielen an frischer Luft ihre körperliche und seelische Gesundheit.
- Sie entwickeln ihre motorischen Fähigkeiten, indem sie auf Waldboden laufen und springen, auf Bäume klettern, an Ästen hangeln oder auf umgestürzten Baumstämmen balancieren.
- Beim freien Spiel können sie kreativ sein und ihrer Phantasie freien Lauf lassen.
- Durch das Ausprobieren geistiger und körperlicher Kräfte werden ihnen ihre Grenzen bewusst, die sie überwinden wollen, damit sie ihre persönlichen Entwicklungsschritte erleben können.
- Sie erleben Stille in reinster Ausprägung und reagieren sensibel auf feinste innere und äußere Reize.
- Die Kinder erfahren und entdecken aus eigenem Antrieb ihr Umfeld und stärken dadurch ihr Selbstwertgefühl.
- Sie erkennen die Notwendigkeit von Regeln für das Verhalten im Wald und den Umgang miteinander.
- Sie sind in der Lage, soziale Konflikte zum Wohle aller zu lösen.

3 Wie alles begann

Am 7. August 2000 war es soweit. Die „Türen" des Naturkindergartens öffneten sich ganz offiziell. Zwei Erzieherinnen und sechs Kinder marschierten mit ihrem Rucksack los. Jeder hatte eine Isomatte, eine Frühstücksdose, eine Trinkflasche und eine Box mit einem nassen Waschlappen im Gepäck. Mehrere Schnitzmesser und ein Bestimmungsbuch für Pflanzen und Tiere durften auch nicht fehlen. Was würden wir dort draußen alles erleben? Und – einen dankbaren Blick in die Vergangenheit richtend – wer hatte alles dazu beigetragen, dass diese anfängliche Vision, einen Naturkindergarten eröffnen zu wollen, tatsächlich Gestalt annehmen konnte?

An erster Stelle ist Frau Dr. Gitta Zimmermann zu nennen. Sie wollte für ihren Sohn und für andere Kinder einen Kindergarten gründen, der neben Elementen der Montessori- und Waldorfpädagogik auch dem Anforderungsprofil eines Waldkindergartens entsprechen sollte. Diese Art des Kindergartens war damals in Deutschland noch nicht so bekannt, wie das heute der Fall ist. Frau Zimmermann nahm Kontakt zu mir auf und eröffnete mir die Möglichkeit, von der ersten Stunde an dabei zu sein und das pädagogische Konzept mit auszuarbeiten. Obwohl es für mich auch absolutes Neuland bedeutete, ergriff ich diese Chance, denn wir waren einer Meinung, auf welchen Leitgedanken das pädagogische Konzept fußen sollte. Diese Grundsätze bestimmen heute noch unsere Arbeit im Waldkindergarten „Zauberwald":

- Kinder sollen mit allen Sinnen, ihren Gedanken und ihrem Wirken ihre innere Welt und die Welt draußen, besonders die Natur, entdecken und erforschen können.
- Kinder sollen ihre innere Größe und Stärke erfahren und leben.
- Kindern sollen keine „Programme" übergestülpt werden. Sie sollen beachtet und begleitet werden – ihnen wird nur das angeboten, dessen sie bedürfen und was ihr Wachstum fördert.

Nicht zu vergessen sind die Eltern. Ohne ihr Engagement und ihre tatkräftige Unterstützung wäre dieser nun seit 16 Jahren bestehende Kindergarten nicht zu dem geworden, was er heute ist. Im dritten Jahr nach Gründung bekamen wir einen Bauwagen, der von den Eltern liebevoll ausgebaut wurde und uns seither als Schutzhütte und Materiallager dient. Einer Elterninitiative ist es auch zu verdanken, dass wir mit diesem Bauwagen im Jahre 2003 nach Idstein-Heftrich umzogen und fortan von der Stadt Idstein finanziell und organisatorisch unterstützt wurden. Auch heute noch beteiligen sich die Eltern unserer Kindergartenkinder in hohem Maße. Jedes Wochenende hat ein anderes Elternpaar Putzdienst, säubert den Bauwagen und füllt die Wasservorräte auf. Alle Eltern helfen zu festgelegten Terminen mit, das Freispielareal in Ordnung zu halten oder zum Beispiel ein im Frühjahr durch einen umgestürzten Baum zerstörtes Tipi wieder neu zu errichten. Dank dieser zahlreichen helfenden Hände und dank meiner drei stets motivierten und das Wohl des Kindes im Auge haltenden Kolleginnen dürfen wir tagtäglich das erleben, was am 7. August 2000 seinen Lauf nahm.

Damals wie heute betreten wir allmorgendlich ein unerschöpfliches Terrain, das Reich der Pflanzen und Tiere. Wir erleben die Elemente, das Jahreszeitengeschehen und begreifen uns selbst als einen Teil dieses sich regelmäßig wiederholenden Zyklus. Wir entdecken hier und dort etwas, nehmen wahr, staunen, studieren, arbeiten und spielen mit den vorhandenen Naturmaterialien. Die Kinder heben Steinchen, Blätter und Hölzchen vom Erdboden auf und bekunden die Schönheiten ihres Fundes. Sie suchen nicht gezielt nach etwas, sondern finden – aus einer inneren, staunenden und die Vielfalt der Natur bewundernden Haltung heraus – ihre ganz persönlichen Schätze. Sie wollen mehr über Tiere, die sie entdecken, wissen. Sie beobachteten diese genau und lassen sich dafür die Zeit, die sie benötigen. Wir bauen Wasserräder, lassen Drachen steigen und bereiten am offenen Feuer eine gemeinsame Mahlzeit zu. Wir singen, erzählen, klettern, werkeln und vieles mehr. Ohne Uhr merken wir oftmals nicht, wie viele der uns an einem Vormittag zur Verfügung stehenden Stunden bereits verstrichen sind. Die Kinder erweisen sich hierbei als ein von Phantasie und Kreativität unablässig übersprudelnder Quell.

Tag für Tag entdecken wir unseren „Zauberwald" neu, nehmen ihn als zauberhaft wahr und lassen uns von ihm bezaubern, entzücken, reizen und manchmal auch verzaubern. Diesen Zauber zu erforschen und in diesem „Zauberreich" zu spielen, ist Leben und Lernen – ist pures „Kinderglück"!

Margit Kluge
Leiterin des Waldkindergartens „Zauberwald"

4 Die Beobachtungen

An einem Vormittag im Waldkindergarten ist viel los! Die Kinder wollen die Welt erforschen und sie verstehen. Ausdauernd und wissbegierig befassen sie sich mit allem, was sie vor, über, hinter, unter oder neben sich entdecken. Dazwischen tanzen, singen, essen, spielen, klettern, laufen, sägen, malen oder basteln sie. Wie soll man bei dieser lebendigen Schaffensfreude den Überblick behalten? Es kristallisieren sich fünf Themenbereiche heraus, denen die Beobachtungen zugeordnet werden. Die täglich wiederkehrenden Rituale und die vereinbarten Regeln verleihen den Kindern Sicherheit (3.1). Über den Tag verteilt erhalten die Kinder häufig die Gelegenheit, sich Wissen zu erschließen und über ihre Erfahrungen zu sprechen (3.2). Das natürliche Umfeld regt die Kinder fortwährend an, mit allen Sinnen wahrzunehmen, innezuhalten und sich je nach Bedürfnis ausgiebig in eine Beobachtung oder Beschäftigung mit dem wahrgenommenen Gegenstand zu vertiefen (3.3). Die Kinder leben im Wald ihren Drang nach Bewegung in vollem Umfang aus und genießen gleichwohl die Ruhepausen, die der Körper nach großer Anstrengung einfordert (3.4). Das freie Spiel nimmt im Waldkindergarten den größten Raum ein (3.5).

4.1 Regeln und Rituale

Johann Wolfgang von Goethe wusste um die positive Wirkung von wiederkehrenden Ereignissen. Er bemerkte: *„Alles Behagen am Leben ist auf eine regelmäßige Wiederkehr der äußeren Dinge gegründet.“* [1] Im Folgenden werden die Regeln und Rituale vorgestellt, die im Zauberwald gelebt werden und den Kindern Orientierung und Geborgenheit vermitteln.

Ankunft

Wie in jedem Kindergarten gibt es auch im Idsteiner Waldkindergarten ein morgendliches Ritual: die Eltern bringen ihre Kinder in den Kindergarten. Dort werden sie von den Erzieherinnen in Empfang genommen. Die Eltern begleiten ihre „Zauberwäldler“ jeden Morgen zwischen 8.00 Uhr und 8.15 Uhr zum festgelegten Treffpunkt. Dieser befindet sich am Beginn eines Waldweges, der in seinem weiteren Verlauf tief in den Wald hineinführt und nach ca. 500 Meter am Bauwagen mündet. Am Startpunkt bildet eine vom Regen ausgewaschene Rinne die „Eingangspforte“ zum Kindergarten. Die Erzieherinnen stehen hinter der „Tür“ und nehmen die Kinder, die sich bereits von ihren Eltern verabschiedet haben, in Empfang. Die Kinder, die die Zeit noch zum Kuscheln mit den Eltern nutzen wollen, bleiben mit ihren Eltern vor der „Tür“ stehen. Sobald die Sprösslinge jedoch die „Schwelle“ übertreten haben, gehen sie nicht mehr zurück zu den Eltern, auch wenn diese noch dort stehen und sich mit anderen Eltern unterhalten. Sie sind jetzt „im“ Kindergarten und sammeln sich bereits mit den Gefährten am ersten Haltepunkt auf dem Wanderweg zum Bauwagen.

Haltepunkte

Als fest vereinbarte Haltepunkte dienen Regenrinnen, gekennzeichnete Baustämme oder Baumwurzeln, die sich immer in Sichtweite zum folgenden Haltepunkt befinden. Die schnelleren Läufer warten von sich aus an jedem Haltepunkt, bis die Nachzügler aufgerückt sind und die Erzieherin erlaubt, den nächsten Haltepunkt anzusteuern.

Regeln für das Verhalten im Wald

Die Regeln im Waldkindergarten (z.B. den Weg nicht verlassen, gefundene Stöcke in den Rucksack stecken, um andere nicht zu verletzen etc.) werden größtenteils beachtet. Hält sich ein Kind nicht daran, sind sofort andere zur Stelle, die es nachdrücklich an die Regeln erinnern.

Morgenkreis

An einer Waldlichtung angekommen, beginnt das nächste Ritual. Alle versammeln sich zum Morgenkreis. Die unterwegs gesammelten Schätze werden in Jackentaschen und Rucksäcken verstaut. Dann formt sich ein Kreis. Eine Erzieherin führt z. B. mit einer Geschichte, einem Fingerspiel oder einem Tanz in das Tages- oder Wochenthema ein. Vor dem Morgenlied wird ein Kind ausgewählt, welches alle Anwesenden zählen darf. Aufgeregt strecken fast alle Kinder ihre Finger in die Luft, denn das Zählen bereitet ihnen viel Freude. Bevor die letzte Etappe bis zum Bauwagen zurückgelegt wird, singen alle das Morgenlied: *„Guten Morgen, liebe Sonne, guten Morgen, liebe Erde, guten Morgen, ihr Steine und Blumen überall! Guten Morgen, ihr Tiere und Vögel in den Bäumen, guten Morgen zu dir, guten Morgen zu mir!"* [2]

Materialtransport

Auf dem Weg zum Bauwagen regelt eine Erzieherin, welche Kinder an diesem Tag die drei zur Verfügung stehenden Schubkarren haben dürfen. Wohlüberlegt und natürlich um ein gerechtes Vorgehen bemüht, verteilt die Erzieherin die Schubkarren. Die anderen Kinder akzeptieren die Entscheidung, zumal sie sicher sind, dass sie an einem der nächsten Tage an die Reihe kommen werden.

Am Bauwagen angekommen, müssen alle für den Vormittag notwendigen Dinge wie z. B. Wasser, Sitzkissen, Werkzeuge, Schaufeln, Spaten und Bastelmaterialien in einen großen Handwagen geladen werden. Für die Kinder ist es selbstverständlich, dass alle mithelfen, ohne ausdrücklich dazu aufgefordert zu werden. Dabei orientieren sich die jüngeren Kinder an den älteren und fordern, wenn nötig, deren Hilfe ein. Die jüngeren Kinder unterstützen zu können, stärkt wiederum das Selbstvertrauen der Vorschulkinder und bestätigt sie in ihrer Vorbildfunktion. Ein Junge stapelt Sitzkissen, ein Mädchen hebt die schwere Werkzeugkiste in den Wagen, größere Kinder tragen für die kleineren ihre Eimer, Kochtöpfe und Löffel, die nicht mehr in den Wagen passen. Nur noch wenige Schritte durch ein kleines Dickicht, dann ist das Areal erreicht, auf dem die Kinderschar ihren Vormittag verbringt. Hier hängen sie ihre Rucksäcke an dafür vorgesehene Holzstangen.

Frühstück

Das nächste Ritual lässt nicht lange auf sich warten. Um ca. 10.00 Uhr frühstücken alle gemeinsam. Wie auf ein geheimes Kommando flitzen einige Kinder noch mal schnell auf die „Naturtoilette", weil sie wissen, dass sie während des Frühstücks möglichst am Platz sitzen bleiben sollen. Alle versammeln sich im Sitzkreis, packen ihre Dosen und Flaschen aus und säubern sich mit einem mitgebrachten feuchten Waschlappen die Hände. Ein gemeinsam gesprochenes Gebet leitet das Frühstück ein und mit einem Abschlussgebet wird es beendet.

Gemeinsames Frühstück

Nach dem Frühstück beginnt die Freispielzeit. Die Gesichter der Kinder, die geschwind den Frühstückskreis verlassen, spiegeln ihre Vorfreude darauf wider. Das freie Spielen endet um ca. 12.00 Uhr. Jetzt wird aufgeräumt. Alle Kinder helfen mit, sämtliche verstreut herumliegende Gegenstände einzusammeln und zum Handwagen zu bringen. Dabei unterscheiden sie nicht zwischen Gegenständen, die sie selbst benutzt haben, und jenen, mit denen andere Kinder gespielt haben. Gemeinsam wird dafür gesorgt, dass der Platz wieder in seinen ursprünglichen Zustand versetzt wird.

Freispielzeit

Abschlusskreis

Nach dem Aufräumen folgt ein Ritual, das auch in anderen Kindergärten häufig eingesetzt wird: die Erzieherin lädt zum Abschlusskreis ein. Der findet im „Zauberwald" an wechselnden, aber den Kindern wohlvertrauten Plätzen statt. Mal sitzen sie im „Schiff", das aus mehreren hintereinander am Boden liegenden Baumstämmen besteht. Dann wiederum erklimmen sie einen Hügel, versammeln sich dort auf einer Waldlichtung oder sie treffen sich am Sitzkreis vor dem Bauwagen. Die Kinder betrachten beispielsweise unterschiedliche Blatt- oder Tierarten, singen oder tanzen gemeinsam, schauen sich ein Puppentheater an oder lauschen einer vorgelesenen Geschichte. Erstaunlich ist, dass selbst die Kinder, die am liebsten den ganzen Tag in Bewegung sind und nicht lange sitzen bleiben wollen, sich diesen Momenten der Stille und Besinnung bereitwillig überlassen und fasziniert zuhören.

Abschlusskreis

Abholzeit

Der Abschlusskreis klingt täglich mit einem Lied aus, mit dem die Kinder sich vom Wald und voneinander verabschieden. Dann begleiten die Erzieherinnen ihre Schützlinge auf dem Weg durch den Wald bis zu der Waldlichtung, an der jeden Morgen der Morgenkreis stattfindet. Dort werden sie, wie gewohnt, von ihren Eltern abgeholt.

4.2 Wissen wollen

Kinder sind von Geburt an offen für die vielfältigen Eindrücke, die diese Welt zu bieten hat. Mit zunehmendem Alter wächst ihr Interesse an den kleinen und großen Dingen um sie herum. Sie wollen die Welt in ihrer Gesamtheit entdecken und bis ins Detail erforschen. Der Hirnforscher Prof. Dr. Gerald Hüther merkt an: *„Jede*

neue Entdeckung, jede neue Erkenntnis und jede neue Fähigkeit lösen im Gehirn von Kindern einen für uns Erwachsenen kaum noch nachvollziehbaren Sturm der Begeisterung aus. Diese Begeisterung über sich selbst und über all das, was es noch zu entdecken gibt, ist der wichtigste ‚Treibstoff' für die weitere Entwicklung des Gehirns." [3]
Diese von Hüther beschriebene Begeisterung zeigen die Kinder, wenn sie die Erzieherinnen zu einem Gegenstand, der ihre Aufmerksamkeit fesselt oder einem Thema, das sie gerade bewegt, mit zahlreichen Fragen „bestürmen". Die Fragen werden natürlich aufgegriffen und schon die ersten Antworten lösen eine Flut von weiteren Fragen aus. Wenn Kinder, die in der direkten Umgebung spielen, diese Frage-Antwort-Gespräche mitbekommen, stoßen sie, wie von einem unsichtbaren Magneten angezogen, dazu, stellen selbst Fragen oder steuern ihr Wissen und ihre Erfahrungen bei. Ein reger Austausch entsteht. Manchmal wird das, was ergründet werden soll, direkt selbst ausprobiert.

Kinder wollen forschen

Ein dreijähriger Junge will eine „Suppe" zubereiten. Dabei interessiert ihn vor allem, welche der „Zutaten", die er im Wald für seine „Suppe" gesammelt hat, im Topf untergehen und welche schwimmen können. Die Erzieherin ermuntert ihn, die verschiedenen Dinge wie Steine, dicke und dünne Ästchen, Tannennadeln, Tannenzapfen und Erdklümpchen nacheinander der „Suppe" beizugeben und zu schauen, was passiert.

Was schwimmt oben, was geht unter?

Fasziniert gibt der Junge einen Gegenstand nach dem anderen in seine „Suppe", beobachtet ihn eine Weile und gibt dann seine Erkenntnisse an die Erzieherin weiter. Sie erhält einen genauen und umfassenden Bericht, welche der Gegenstände sofort auf den Topfboden sinken und welche Gegenstände nach dem kurzen Eintauchen wieder hochkommen und an der Oberfläche schwimmen. Solche Experimente bestärken die Kinder in ihrer Gewissheit, sich sämtliche physikalische Gesetzmäßigkeiten dieser Welt durch eigenhändiges und kreatives Tüfteln selbst erschließen zu können.

Kinder wollen nachdenken und kreativ sein

Neben dem, was die Kinder an eigenen Impulsen setzen, bieten die Erzieherinnen im Morgenkreis, Abschlusskreis oder auch während der Freispielzeit Themen an, die sich in den Zyklus der Jahreszeiten einfügen. Die Kinder wollen sich mit diesen Themen körperlich und/oder geistig intensiv auseinander setzen und entwickeln so ein tiefes Verstehen für die Gesetzmäßigkeiten und immer wiederkehrenden Abläufe in der Natur. So erarbeiten sich die Kinder am Tag des Herbstanfangs durch das Modell einer Waage, deren Waagschalen Sonne und Mond tragen, was Tag-und-Nacht-Gleiche bedeutet.

Tag-und-Nacht-Gleiche

Dazu einige Überlegungen der Kinder:

- Es wird jetzt dunkler im Herbst.
- Die Erde dreht sich.
- Auf der einen Seite der Erde ist immer Nacht, auf der anderen Tag.
- Jetzt weiß ich es: Weil es in der Nacht sehr dunkel ist und der Tag sehr hell ist.
- Ha, ich hab`s: Weil die Kugel (*Erde)* sich dreht.
- Manchmal wird den Bauern im Herbst was auf dem Feld gediebt (*gestohlen*).
- In der Nacht ist es kalt ist und am Tag ist es warm.
- In der Nacht ist keine Sonne und der Wind bläst und am Tag scheint die Sonne und da wird es warm.
- Die Sonne ist ein Feuerball.
- Das da (*der Mond*) ist kleiner und da (*zeigt auf die Sonne*) ist größer und die Sonne ist schwerer und die Nacht ist ein bisschen weiter oben, aber die wird jetzt immer schwerer und dann wird es immer dunkler.
- Ich hab's, ich weiß es, die Sonne ist im Weltall und die Nacht auch.
- Aber man kann da hochfliegen.

Wie sehr Kinder es genießen, wenn sie ihre Spontaneität und Phantasie ausleben dürfen, zeigt das folgende Beispiel: Die Kinder versammeln sich um ein leeres, rundes Tuch, das auf dem Waldboden ausgebreitet ist. Nachdem jedes Kind zwei Stöckchen gesammelt hat, darf jedes seine Hölzer auf das ausgebreitete Tuch legen, und zwar wie und wo es möchte. Kaum ist diese Arbeit getan, deuten schon die ersten Kinder das entstandene Kunstwerk:

- Das ist eine Uhr.
- Ich sehe Buchstaben.
- Nein, das ist ein Gesicht mit scharfen Zähnen.
- Aber es lächelt.
- In der Mitte kriecht eine Schlange.
- Hier unten ist eine kleine Brücke.
- Nein, das ist eine Hälfte von Schienen für die Eisenbahn.
- Das Muster da an der Seite wiederholt sich, da sind Stöcke einzeln, dann zwei zusammen, dann wieder einzeln, dann wieder zusammen.
- Es könnte aber auch eine Schatzkarte sein.

Kinder wollen an Geschichten teilhaben

Wenn eine Geschichte, ein Märchen oder eine Sage erzählt wird, hören die Kinder aufmerksam zu. Sie stellen Fragen zu den Hintergründen, wollen alle Einzelheiten über die vorgestellten Helden erfahren und versetzen sich augenblicklich in die jeweilige Zeit und in die Helden hinein – ein Stück Menschheitsgeschichte wird lebendig. So hören die Kinder an einem Tag die Geschichte vom Heiligen Michael. Aus dem Himmel half er dem Ritter Georg auf der Erde mittels eines Lichtschwertes, einen Drachen zu besiegen. Dieser hatte über Jahre hinweg dafür gesorgt, dass die Menschen übellaunig und missgünstig geworden waren. Als die Erzieherin erzählt, dass nach dem Tod des Drachen die Freude und die Liebe wieder in die Herzen der Menschen einziehen konnte, wirken die Kinder erleichtert und froh.

Das Schwert des Heiligen Michael

Jedes Kind darf das Schwert des Heiligen Michael in der Hand halten, einige bestaunen es ehrfürchtig, andere setzen den Kampf gegen den imaginären Drachen in der Manier des mutigen Ritters gleich fort. Am nächsten Tag erhalten die Kinder die Möglichkeit, sich selbst ein Lichtschwert zu schnitzen, es danach mit goldener Farbe anzumalen und mit Edelsteinen zu besetzen.

Ein Lichtschwert ist gleich fertig

Kinder wollen Traditionen pflegen

An einem Vormittag Anfang Oktober feiern die Kinder im Kindergarten das Erntedankfest. Dazu bringt jedes Kind ein Körbchen mit Früchten oder Gemüse mit. Im Morgenkreis können es die Kinder, die um die Bedeutung des Erntedankfestes wissen, kaum erwarten, den anderen davon zu berichten. Danach darf jedes Kind sein Körbchen zeigen und aufzählen, was alles darin liegt.

Erntedankfest

Nach dem Morgenkreis entwickelt sich unter den Kindern ein Spiel, das zeigt, wie beschwingt sie sich gegenseitig unterrichten und dabei ihr Wissen erweitern. Ein Kind zeigt einem anderen eine Banane und sagt kichernd: „Das ist ein Apfel!“ Das andere Kind lacht hell auf und berichtigt entrüstet: „Nein, das ist eine Banane!“ Dann nimmt dieses Kind wiederum eine Frucht aus seinem Korb, hält sie dem nächsten Kind hin und bezeichnet sie bewusst anders, damit das wartende Kind den richtigen Namen der Frucht nennen kann. Immer mehr Kinder finden sich zusammen. Bemerkenswert ist, dass auch die stilleren Kinder gerne mitmachen. Natürlich ist nicht alles, was im Korb liegt, den Kindern namentlich bekannt. Doch lernen sie in dieser spielerischen Interaktion mit den Spielkameraden sehr schnell die richtige Bezeichnung. An der Lichtung des Waldkindergartens angekommen, schneiden die Kinder ihr mitgebrachtes Obst und bereiten daraus einen großen Obstsalat zu, den sie beim anschließenden Frühstück verspeisen.

In Vorbereitung auf das Martinsfest am 11. November bemalen die Kinder mit Acrylfarben transparentes Papier für ihre Laternen. Auch dieses alljährlich wiederkehrende Fest hat eine große Bedeutung für

Laternenmalen für St. Martin

sie. Voller Vorfreude berichten sie, warum, wie und mit wem sie jedes Jahr dieses Fest im Wald begehen. Nicht nur die Kinder, die häufig beim Malen anzutreffen sind, sondern auch jene, für die Malen ganz gewiss nicht zu ihren Lieblingstätigkeiten zählt, betrachten es als ehrenvolle Aufgabe, das Fest mitgestalten zu können. Da nur vier Malplätze zur Verfügung stehen, müssen einige Kinder warten, bis sie an der Reihe sind. Die Künstler wie auch die Wartenden bewundern, wie die einzelnen, sorgsam auf das Blatt aufgetragenen Farben allmählich Gestalt annehmen.

4.3 Wahrnehmen und verweilen

Kinder nutzen die Fähigkeit, mit allen Sinnen wahrzunehmen. *„Achtsamkeit bedeutet, offen für alles zu sein, was um einen herum passiert, dass man nichts Bestimmtes im Sinn hat und deshalb alle Sinne gleichzeitig auf Empfang gestellt sind. Man achtet auf weit mehr als nur auf das, was zu dem passt, was man gerade denkt oder fühlt,“* [4] so beschreibt Prof. Dr. Gerald Hüther diese wahrnehmende Grundhaltung, die Kindern zu eigen ist.

Dazu benötigen Kinder ein Umfeld, das ihnen Raum und Zeit gibt, sich mit den Dingen, von denen sie angelockt werden, hingebungsvoll und ausdauernd zu beschäftigen. Die Natur eröffnet den Kindern einen unerschöpflichen Erlebnisraum. Vor, hinter, neben, unter und über ihnen breitet sich die Vielfalt des Lebens in mannigfachen Formen, Geräuschen, Gerüchen und materiellen Eigenschaften aus.

Das gilt es näher zu betrachten

Bucheckern sammeln

Bereits auf dem morgendlichen Weg zum Bauwagen entdecken die Kinder unzählige Dinge, mit denen sie sich genussvoll und in aller Ruhe auseinandersetzen. Die ersten Bucheckern sind heruntergefallen und die Kinder sammeln und betrachten sie genau. Sie stellen Vermutungen an, warum einige ein Loch haben und leer sind, andere hingegen sich nur mühsam aus der Schale lösen wollen. Dann essen die fleißigen Sammler etliche der Bucheckern. Den meisten schmeckt es vortrefflich, andere spucken alles wieder aus. Die ganz Mutigen beißen sogar herzhaft in eine Eichel hinein, aber dieser eigenwillige Geschmack löst bei keinem Wohlbehagen aus.

Im Anschluss entdeckt ein Junge eine noch grüne Kastanienhülle, die verschlossen am Wegesrand liegt. Mit spitzen Fingern umfasst er das äußerst stachlige Gebilde und hält es triumphierend in die Luft.

Schnell umringen ihn andere Kinder und wollen auch mal fühlen. So wandert der „Igel", wie er von seinem Entdecker genannt wird, von Hand zu Hand. Danach beginnen zwei Kinder, kleinste Kieselsteinchen zu sammeln. Sofort kommen andere hinzu und beteiligen sich an der Suche. Begeistert präsentieren sie ihre Fundstücke den Erzieherinnen und schenken ihnen einige der schönsten Exemplare. Andere Kinder sammeln Schilfblätter und Tannenästchen, binden sie zu kleinen Sträußen und stecken sie zur Verzierung an die Rucksäcke der vorausgehenden Kinder. Wenn ein Kind etwas Interessantes entdeckt, brennt es darauf, den anderen seinen „Schatz" zu zeigen und sich mit ihnen darüber auszutauschen. Nur selten behält ein Kind den Gegenstand, stattdessen verschenkt es ihn viel lieber, weil es den Beschenkten an seiner Freude über den Fund teilhaben lassen möchte. Fröbel (dt. Pädagoge 1782-1852) sagt dazu: *„Das Kind will als reiner Mensch möglichst viele beschenken und erfreuen, denn es fühlt schon, dass es als Teil des Gesamten lebt und ihm angehört."* [5]

Die Erzieherinnen lassen den Kindern ausreichend Zeit, alles zu erforschen, was sie auf dem Weg zum Bauwagen entdecken. So kann es schon mal vorkommen, dass für den Weg vom morgendlichen Treffpunkt bis zum Bauwagen statt einer Viertelstunde bis zu eineinhalb Stunden gebraucht werden. Das ist auch an dem Vormittag der Fall, als einer der Hunde in einem Waldstück kurz vor dem Bauwagen einen verletzten Maulwurf aufspürt. Aufgeregt versammeln sich alle um das am Boden liegende Tier, das verzweifelt versucht, sich wieder einzugraben, es ihm aber aufgrund einer verletzten Vorderpfote nicht gelingt.

Der verletzte Maulwurf

Die Betroffenheit und der Wunsch, dem Maulwurf zu helfen, finden ihren Ausdruck in den folgenden Fragen:

- Was hat er?
- Wo ist er verletzt?
- Wieso kann er sich nicht mehr eingraben?
- Lebt der überhaupt noch?
- Wie kommt der überhaupt hierher?
- Wie können wir ihm jetzt helfen?
- Sollen wir ihn zum Tierarzt bringen?

Ein paar sechsjährige Jungen haben die Idee, einen Tunnel für den Maulwurf zu graben, damit er wieder unter die Erde in sein Reich gelangen kann. Prompt läuft einer los und holt mehrere Schaufeln vom Bauwagen. Sogleich beginnen sie zu graben und als der Tunnel ihrer Meinung nach lang genug ist, weisen sie dem verletzten Maulwurf ganz vorsichtig den Weg zum Tunnelanfang. Zunächst hat es tatsächlich den Anschein, als nähme der Maulwurf das Angebot an. Doch als er in den Tunnel hineinschnuppert, scheint er instinktiv zu spüren, dass er am Tunnelende alleine nicht weitergraben kann. Bewegungslos bleibt er vor dem Tunneleingang liegen. Eine Erzieherin hat die Idee, auf der an den Wald angrenzenden Wiese nach Maulwurfshügeln zu suchen. Hier könnte man den Maulwurf vielleicht reinsetzen und dann hätte er ein bereits unterirdisch gegrabenes Tunnelsystem zur Verfügung. Alle Kinder schwärmen aus und suchen Maulwurfshügel, finden aber keinen einzigen. Die Erzieherinnen schlagen den Kindern vor, den Maulwurf zunächst einmal dort liegen zu lassen und ihn auf dem Rückweg mitzunehmen, da es neben dem Parkplatz am Treffpunkt zahlreiche Maulwurfshügel gibt. Nach dem Abschlusskreis stürmen alle Kinder zu der ihnen noch bekannten Stelle im Wald, um nach dem Maulwurf zu schauen. Traurig und erschrocken stellen sie fest, dass er in der Zwischenzeit gestorben ist:

- Oh nein!
- Ist er wirklich tot?
- Er ist schon ganz steif.
- Atmet er noch?
- Er ist bestimmt erfroren.
- Ja, ihm war es viel zu kalt.
- Wir müssen ihn jetzt zudecken!

Der Maulwurf wird unter einer Decke aus Laub begraben, die Blätter werden mit Stöckchen verziert und die Kinder nehmen Abschied. Der Rückweg verläuft schweigsam, da viele der Kinder sich gedanklich noch mit dem eben Erlebten beschäftigen. Das zeigt sich in den Äußerungen der Kinder, die an diesem Tag ganz bewusst die Nähe der Erzieherinnen suchen:

- Mein Papa ist auch sehr krank!
- Vielleicht wäre der Maulwurf nie wieder gesund geworden und hätte immer Schmerzen gehabt. Deshalb hat Gott ihn in den Himmel geholt!
- Vielleicht war es so das Beste für den Maulwurf!
- Selbst wenn er noch am Leben wäre und wir hätten ihn in einen Maulwurfhügel gesteckt, wäre der Maulwurf, der vorher drin war, vielleicht sauer geworden!
- Ich bin sehr traurig, dass er tot ist. Ich hätte ihn gerne wieder aufgeweckt!

Als die Kinder sich am nächsten Morgen der Stelle nähern, an der sie am Vortag den Maulwurf begraben hatten, sausen bereits einige voraus, um das Grab nochmals zu besichtigen. Überrascht stellen sie fest, dass der Maulwurf verschwunden ist. Keiner vermutet, dass der Maulwurf in der Nacht vielleicht von einem größeren Tier gefressen wurde, sondern stellen fest:

- Er hat sich doch wieder eingegraben.
- Der hat nur so getan, als ob er tot wäre.
- Der ist weggelaufen.
- Der hat sich auf eine weite Reise gemacht.

Da es am heutigen Tag nach den vielen schönen Spätsommertagen zum ersten Mal sehr kalt ist, kommen zwei knapp vierjährige Buben auf die Idee, in einem weißen Kochtopf, der mit blauen Blumen verziert ist, kleine Holzstücke zu sammeln. Einer der beiden erklärt mir, dass dieser Topf ihr Kamin sei und sie wegen der Kälte den Kamin anmachten. Dann fährt er vertrauensselig fort: „Weißt du, als noch keine Erzieherin auf der Welt war, da haben wir genau diesen Topf gemacht. Deswegen gehört der Topf uns. Mein Freund hier war der Chef im Himmel und ich war der Chef auf der Erde. Da hat mein Freund durch die Wolken geguckt, und was hat er da gesehen? Einen Menschen! Wie sehr er sich da gefreut hat. Dann ist er direkt runter auf die Erde gekommen und danach sind noch zwei Kinder auf die Erde gekommen, die haben sich an den Händen gehalten! Und so ging das immer weiter!"

4.4 Sich bewegen und innehalten

Zahlreiche wissenschaftliche Studien belegen, dass die Entwicklung der motorischen Fähigkeiten des Kindes auch seine geistige Entwicklung unterstützt. Prof. Renate Zimmer, Direktorin des Niedersächsischen Instituts für Frühkindliche Bildung und Entwicklung sagt dazu: *„Bewegung aktiviert das körpereigene Belohnungssystem, sie unterstützt die Wachheit und Aufmerksamkeit und hat günstige Auswirkungen auf das Wohlbefinden und die Leistungsfähigkeit."* [6]

Die Kinder im Waldkindergarten sind ständig in Bewegung und messen dabei ihre körperliche Kraft und Geschicklichkeit. Die Mädchen und Jungen rennen, spurten, schaukeln, klettern, balancieren, raufen, toben, springen, heben, schleppen, schieben, stemmen, graben oder harken und gehen dabei manchmal sogar an die Grenzen ihrer körperlichen Kraft. Dabei ist ihnen kein Baum zu hoch und kein Ast zu schwer. Selbst wenn das jeweilige Vorhaben auch nicht beim ersten Mal gelingt, versuchen die Kinder es so lange, bis sie ihr gestecktes Ziel erreicht haben. Der Stolz und die Freude darüber sind jedem Einzelnen vom Gesicht abzulesen.

Ein Boot entsteht

Zwischenstopp beim Schaukeln

Sehr selten braucht eines der Kinder eine Ruhepause. Manchmal jedoch gönnt sich ein Kind einen Moment der Muße, so dass der physische Körper sich erholen kann. Der Geist des Kindes bleibt jedoch fortwährend in Bewegung.

Das Feld wird bestellt

Wer ist stärker?

Ein Schubkarren-Liegestuhl

Bitte nicht stören!

Ein kurzes Schläfchen tut gut

Sägen mit der kleinen Säge

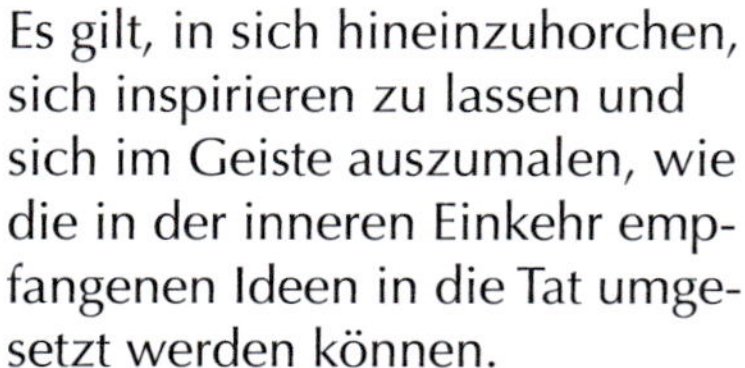

Es gilt, in sich hineinzuhorchen, sich inspirieren zu lassen und sich im Geiste auszumalen, wie die in der inneren Einkehr empfangenen Ideen in die Tat umgesetzt werden können.

Im Laufe eines Vormittages suchen sich die Kinder unentwegt die abwechslungsreichsten Betätigungsfelder. Während die Kinder für das Hochheben einer Baumwurzel in erster Linie ihre Muskelkraft benötigen, kombinieren sie beim Balancieren über einen Baumstamm Muskelkraft und Gleichgewichtssinn. Bei der Arbeit mit Werkzeugen aller Art ist zusätzlich ihre Fingerfertigkeit gefordert. Die Kinder malen, schneiden, knipsen, binden, flechten, feilen, schmirgeln, bohren, hämmern, sägen oder schnitzen und führen diese Tätigkeiten konzentriert und ausdauernd durch.

Sägen mit der großen Säge

Speckstein wird bearbeitet

Holzspäne selbst gemacht

Beim Friseur

4.5 Spielen

Spielen zu können, gehört seit Urzeiten zu den großartigen Fähigkeiten, mit denen der Mensch von Geburt an ausgestattet ist. Sich spielerisch einer Sache anzunehmen, bedeutet, sich mit ihr fantasievoll, beschwingt und begeistert auseinanderzusetzen. Nicht von ungefähr hatte das Spiel, wenn man die Wortherkunft bis zur mittelhochdeutschen Zeit zurückverfolgt, die Bedeutung von „Tanz" oder „tänzerischer Bewegung". Doch was geschieht mit uns, wenn wir spielen? Dieser Frage geht auch der Hirnforscher Gerald Hüther in seinem Buch *Rettet das Spiel!* nach: *„Kann es sein, dass das Spiel eine Dimension unseres Lebens ist, an der wir immer dann teilhaben, wenn wir spielen? Und dass wir uns deshalb, wenn wir spielen, auf eine intensive, auf echte Weise lebendig fühlen? [...].Dann hieße Spielen: [...] diesen besonderen Raum betreten, in dem wir uns als aktive, lustvolle und kreative Entdecker und Gestalter unserer Möglichkeiten erfahren."* [7] Spielen in seiner ursprünglichen Bedeutung lässt dem Spielenden demnach alle Freiheit, die er braucht, um sich selbst zu finden, die gesamte Welt zu begreifen, aber auch Neues zu erdenken oder unmöglich Scheinendes auszuprobieren. Im Spiel können demnach alle Möglichkeiten erprobt werden. Doch die Bedeutung des Begriffs hat sich im Laufe der Zeit stark verändert. Heute werden alle Freizeitaktivitäten leichtfertig als Spiel bezeichnet: Da gibt es das Spiel mit vorgefertigten Spielsachen, wir kennen Brett-, Karten- und Gesellschaftsspiele, Jung und Alt vertreibt sich die Zeit mit Computerspielen. Und die Mitwirkenden eines Fußball- oder Handballspiels stehen unter einem enormen Leistungsdruck. Alle fiebern dem Gewinn entgegen.

Im Waldkindergarten hingegen genießen die Kinder das Spiel in seiner ursprünglichen Form. Ihr Spiel dient keinem Zweck. Sie haben den Wunsch, aus sich heraus alles zu erforschen und zu erkunden. Das jeweilige Spiel beginnt, wenn ein oder zwei Kinder plötzlich die Idee dazu haben. Weitere Spielpartner, die sich von dieser Spielidee oder von den mitspielenden Kindern angezogen fühlen, stoßen dazu und spielen mit. Dabei nehmen sich die jüngeren Kinder auch ihre älteren Spielkameraden zum Vorbild und ahmen deren Spielverhalten nach. Die Kinder spielen so lange, bis sie aus eigenem Antrieb die Spielkonstellation verlassen oder das gemeinsame Spiel sein natürliches Ende gefunden hat. Der Spielverlauf selbst ist weder vorgegeben noch starren Regeln unterworfen. Die Kinder sind Gestalter des Spiels und nicht Objekt eines vorgegebenen Rahmens. Daraus erwächst Stärke und Freude. Auch die Erzieherinnen gewähren den Kindern größtmögliche Freiheit und Offenheit, damit sich ihre Kreativität ungehindert entfalten kann. Gewinner- und Verliererspielen fehlen im Angebot, sodass Leistungs- und Konkurrenzdruck gar nicht aufkeimen können.

Wenn die Kinder zusammen spielen, schlüpfen sie freudig und unbeschwert in die unterschiedlichsten Rollen, die das Leben für sie bereithält. Sie spielen Vater, Mutter, Kind, Oma, Opa, Freunde, Erzieher, Lehrer, verschiedene Berufe, Tiere, Gegenstände oder selbst erfundene Figuren. Dabei können sie alle zur Rolle gehörenden

Fähigkeiten auszuprobieren, aber sie entwickeln auch ein Bewusstsein für die Rechte und Pflichten, die mit der jeweiligen Rolle verbunden sind. Spielerisch tauchen die Kinder in viele Lebensbereiche ein. Dazu sagt Dr. med. Herbert Renz-Poster, Kinderarzt und Wissenschaftler: *„Das Spiel hilft ihnen, die fundamentalen Kompetenzen des Lebens auszubilden. [...] Spielen ist der Urgrund der Entwicklung.“* [8]

Im Polizeiauto

Hier einige kreative Spielideen der Kinder:
Auf dem morgendlichen Weg zum Bauwagen findet ein Junge ein Holzstück, das ihn an die Form eines mobilen Telefons erinnert. Prompt hält er sich das „Telefon“ ans Ohr und ruft eine der Erzieherinnen an, die selbstverständlich auch zu einem Hörer aus Holz greift. Alle anderen wollen nun diese fantastischen Telefone ausprobieren oder besorgen sich selbst schnell eines, um mitspielen zu können. Auf einer kleinen Anhöhe im Wald sitzen zwei Polizisten in ihrem Polizeiauto und jagen einen Verbrecher. An anderer Stelle versuchen zwei „Indianer“, durch das schnelle Reiben zweier Steine ein Lagerfeuer zu entfachen. Dabei erklärt der eine „Indianer“ dem anderen: „Da brauche ich sechs Jahre für, hat mein Bruder mir gesagt!“

Musik auf Töpfen

Vor dem Bauwagen angekommen, holen sich einige Kinder Kochtöpfe aus den Sammelschränken und stellen sie auf dem Waldboden ab. Diese Gelegenheit nutzt ein Junge und beginnt, mit einem Stock auf die Unterseite der Töpfe zu schlagen. Vom besonderen Klang dieser Musik angelockt, formiert sich ein Trio, welches spontan die anderen mit eigens für sie komponierten Tonfolgen unterhält. Die Kinder applaudieren. Schon setzen sich die Musiker die Kochtöpfe auf den Kopf und es ist schnell klar, dass sie nun einem dringenden Einsatz als Feuerwehrmänner Folge leisten müssen.

Vater-Mutter-Kind

An nahezu jedem Vormittag ist das traditionelle „Vater-Mutter-Kind-Spiel“ begehrt. Hier sind die Rollen klar verteilt: der Vater geht arbeiten, die Mutter kümmert sich um ein oder mehrere Kinder und kocht gleichzeitig das Essen. Auch vier Jungen widmen sich begeistert diesem das Leben in der Familie widerspiegelnden Spiel. Bei ihnen lädt die „Mutter“ großherzig jeden Vorbeikommenden gleich zum Essen ein. Sie sagt zu ihren Gästen: „Hier ist Tee, weil der uns besonders gut tut und Suppe mit Gemüse. Wartet, ich mache noch ein Super-Vitamin rein, davon werdet ihr ganz schnell. Es ist geheim, das Rezept, aber wenn ihr wollt, verkaufe ich es euch. Ach nein, ich schenke es euch doch!“

Dann will der Waldboden von Laub befreit werden und es formiert sich eine Reinigungstruppe. Zwei volle Stunden lang harken die Kinder Laub zusammen, laden es auf ihre Schubkarren und transportieren es an einen Platz, wo bald ein hoher Laubhaufen zu sehen ist. Dabei singen sie: Wir graben, wir graben, wir graben den ganzen Tag! Die italienische Reformpädagogin Maria Montessori (1870-1952), die dieses unermüdliche Schaffen bei

Pizzeria und Eisdiele

Ein Zauberstab entsteht

Kindern beobachtet hat, hält fest: *„Das Kind ist ein großer Arbeiter, der sich mit Konzentration einer Sache widmen kann, der in sich selbst eine Disziplin besitzt."* [9]

Jetzt verwandeln sich die Laubkehrer in japanische Kämpfer, die die bösen Elemente dieser Welt besiegen und ihre Schwerter im Kampf für die guten Kräfte einsetzen. Ein Junge erklärt: „Ich gehe jetzt mein Super-Schwert holen, da haben sich die Mächte des Bösen und die Mächte des Guten drin vereint. Es kämpft aber nun nur noch für das Gute und kann alles besiegen!" In der Zwischenzeit hat ein Junge seine Eisdiele eröffnet und bietet neben Erdbeere, Schokolade und Vanille noch weitere, verführerisch klingende Eissorten an. Ein dreijähriger Junge, der sich sofort ein Eis kauft, meint: „Bei uns gibt es direkt neben dem Eissalon einen Italiener, der Pizza macht." Sogleich beginnt er mit seinem Freund, Pizza zu backen. Nebenan bohren drei Mädchen eine Vertiefung in ein kleines Stöckchen und füllen diese mit Mehl, das von einem Speckstein abgefeilt wurde. Dabei verkünden sie: „Das ist ein Zauberstab, mit dem wir alle verzaubern und uns gegen die Jungs wehren!" Nachdem die Mädchen einige der Jungs gefangen und verzaubert haben, spielen sie Wildpferde, die nicht auf ihrer Koppel bleiben wollen und dem Bauern mehrfach weglaufen.

Einen aus langen Ästen locker aufgeschichteten Holzstapel nutzen die Kinder für die unterschiedlichsten Einsatzmöglichkeiten. Mal dient er den Kindern als Raumschiff, das Reisen zu fremden Planeten

Wildpferde kurz vor ihrem Ausbruch

Wie bearbeite ich den Stein?

Der Tunnel muss bald fertig sein

Im Raumschiff

Die Rohre im Keller sind kaputt

Das Mittagessen ist gleich fertig

anbietet. Dann wiederum bietet der Stapel die Kulisse für einen auf dem Meeresboden brodelnden Vulkan, der mittels eines Unterwasserlöschbootes stillgelegt werden soll. Nicht zuletzt benutzen die Kinder den Stapel aus Ästen als Düsenjet, der – so erklärt mir ein sechsjähriger Junge – auf seinen nächsten Einsatz wartet: „Das ist unser Düsenjet mit 1000 Kanonen, wenn wir mal ganz schnell hier weg müssen und uns verteidigen müssen, da haben wir auch Sitze drin, ohne Anschnaller, weil im Notfall müssen wir ganz schnell weg!"

Kinder ziehen sich auch gerne für eine Weile zurück, um ganz alleine mit „Mutter Natur" zu spielen. Ein Kind dabei zu beobachten, wie es höchst konzentriert, ernsthaft und völlig in sein jeweiliges Tun versunken ist, erinnert an die eigene Kindheit. Wehmütig muss man erkennen, wie wenig von dem einst spielenden Kind, das wir alle mal waren, noch in uns übrig geblieben ist. Hermann Hesse beschreibt dies wie folgt: *„Es gibt nichts Wunderbareres und Unbegreiflicheres und nichts, was uns fremder wird und gründlicher verloren geht als die Seele des spielenden Kindes."* [10]

In dem entschlossenen und gleichermaßen verzückten Gesichtsausdruck der Kinder ist zu lesen, dass sie erfüllt von ihrer schöpferischen Tätigkeit sind und möglichst nicht unterbrochen werden wollen. Geschieht dies doch, kommt es zu energischen Äußerungen wie:

- Warum fragst du, was ich hier mache? Ich arbeite!
- Ich grabe einen Tunnel, der muss bis morgen fertig sein!
- Ich will gucken, ob die Rohre in der Erde noch in Ordnung sind!
- Ich habe keine Zeit, ich muss den Wald kehren!
- Ich baue ein Haus und will jetzt nicht gestört werden!
- Ich koche das Mittagessen, was sonst?
- Moment, ich muss zuerst die Straße zu Ende bauen, dann habe ich für dich Zeit!
- Der Platz hier gehört mir, da darf kein anderer drauf!
- Ich will jetzt nicht sprechen, ich muss mich konzentrieren!
- So, und wenn du nicht mitspielen willst, dann geh' jetzt bitte hier weg, ich muss jetzt saubermachen!

Die Äußerungen verdeutlichen, dass Spielen für die Kinder viel mehr bedeutet, als sich bloß die Zeit zu vertreiben. Indem sie in die unterschiedlichsten Rollen schlüpfen, erproben sie unbeschwert alle Qualitäten, die das Leben bereithält. Dabei setzen sie sich keinerlei Grenzen, weder im Denken noch im Handeln, so dass alles als möglich und machbar erscheint. Obwohl sie ihr Spiel selbst als „Arbeit" bezeichnen und ihre Tätigkeiten äußerst gewissenhaft und emsig ausführen, verfolgen sie dennoch keinen Zweck. Anders als die Erwachsenen verschwenden die Kinder noch keinen Gedanken daran, dass sie arbeiten müssen, um Geld zu verdienen oder ein gestecktes Ziel zu erreichen. Sie genießen es, körperlich und geistig frisch am Werke zu sein, wobei sie auch nach geraumer Zeit weder angestrengt noch lustlos wirken. Der deutsche Schriftsteller Jean

Paul Richter (1763-1825) findet dafür treffliche Worte:
„Die gewöhnlichen Spiele der Kinder sind [...] nichts als die Äußerungen ernster Tätigkeit, aber in leichtesten Flügelkleidern." [11]

---

1 Goethe, Johann Wolfgang von: *Dichtung und Wahrheit*, S. 521
2 Text nach Christian Morgenstern
3 Hüther, Gerald u. Hauser, Uli: *Jedes Kind ist hochbegabt*, S.48
4 Renz-Polster, Herbert u. Hüther, Gerald: *Wie Kinder heute wachsen*, S.225
5 Fröbel, Friedrich Wilhelm August: *Kommt lasst uns unsern Kindern leben!*, Band 1, S.96
6 Zimmer, Renate: *Toben macht schlau!*, S. 63
7 Hüther, Gerald u. Quarch, Christoph: *Rettet das Spiel!*, S. 18
8 Renz-Polster, Herbert u. Hüther, Gerald: *Wie Kinder heute wachsen*, S.159
9 Oswald, Paul u. Schulz-Benesch, Günter: *Grundgedanken der Montessori-Pädagogik*, S. 13
10 Hesse, Hermann: *Eine Stunde hinter Mitternacht*, S. 224
11 Richter, Jean Paul: *Levana oder Erziehlehre*, S. 602

5 Abschließende Betrachtung

Die Natur als Lehrmeister

Jeden Tag aufs Neue in und mit der Natur zu leben, lässt die Kinder des Waldkindergartens „Zauberwald" in Idstein eine besondere Einstellung ihr gegenüber einnehmen. Die Natur ist für sie ein kostbares Gut, dem sie sich behutsam, feinfühlig und ehrfürchtig nähern. Sie knüpfen ein tiefes, freundschaftliches Band und empfinden die Natur als ihren Lehrmeister. In sämtlichen Erscheinungsformen erkennen die Kinder das Prinzip der Ordnung. Sei es die Maserung der Blätter einer Pflanze, deren gleichmäßiger Wuchs oder die Form der Frucht oder Blüte – alles in der Natur ist vom Kleinsten bis zum Größten wohldurchdacht. Das Strukturgebende in der Natur durchwirkt nicht nur alles, was ihr zugehörig ist, sondern auch die Kinder, die sich ebenfalls als Teil des Gesamten betrachten und damit die Ordnung als Teil ihrer selbst empfinden. Die Natur leitet die Kinder ebenso an, Geduld zu üben. Viele Dinge können erst gepflückt und gegessen werden, wenn sie reif geworden sind. Oft verharren die Kinder geduldig an einer Stelle, um einen nicht weit entfernt am Boden hüpfenden Vogel nicht bei seiner Suche nach einem Wurm zu stören. Sie nehmen sich Zeit, Dinge ausgiebig zu betrachten und zu untersuchen. Dass die Natur dem, der sie beobachtet, ihre Gesetzmäßigkeiten offenbart, sagt auch der österreichische Popularphilosoph Ernst Freiherr von Feuchtersleben (1806-1849): *„Der Natur ist so viel abzulernen: die Ruhe, die Unermüdlichkeit, die stete Produktion, die Dauer im Wechsel, die Grandiosität, die fortbildende Entwicklung."* [1]

Eingebunden in den Zyklus der Jahreszeiten, erleben die Kinder Monat für Monat, wie die Natur sich wandelt. Dadurch entwickeln sie ein Bewusstsein für den ewigen Kreislauf des Werdens und Vergehens. So war es einem dreijährigen Jungen ungeheuer wichtig, gemeinsam mit einer Erzieherin jeden Tag zu prüfen, ob am Ast eines kleinen Baumes das letzte Blatt noch hing oder bereits abgefallen war. Als er es eines Morgens nicht mehr am Ast entdecken konnte, sagte er: „Jetzt ist es endlich auf die Erde gefallen. Nun kann der Winter kommen. Und im nächsten Frühling kann genau dieses Blatt wieder wachsen."

Freiräume gewähren

Um das Interesse an den Dingen in der Natur wachzuhalten, brauchen die Kinder Freiräume. Damit ist jedoch nicht nur die Weite – der freie Raum im wahren Wortsinn – gemeint, die der Wald fraglos bietet, sondern vor allen Dingen die Freiheit, selbstständig aktiv werden zu können. Erwachsene sind grundsätzlich schnell dabei, Kindern vorzugeben, wann und wie etwas abzulaufen hat. Sei es, weil sie die Kontrolle nicht verlieren möchten oder weil sie Kindern nicht zutrauen, verantwortungsvoll zu agieren. Die Erzieherinnen des Waldkindergartens hingegen gewähren ihren Schützlingen diesen für die kindliche Entwicklung so unentbehrlichen Freiraum. Sie spornen durch ihre offene Haltung und vertrauensvolle Sicht auf die Kinder diese an, eigenständig ihr Umfeld zu entdecken – auch wenn sie sich dadurch hin und wieder einen Kratzer oder eine Beule zuziehen. Der Schweizer Pädagoge Johann Heinrich Pestalozzi (1746-1827) sagt dazu: *„Dein Kind sei so frei, so sehr es immer kann; schätze jede Möglichkeit, ihm Freiheit und Ruhe und Gleichmütig-*

keit zu geben; alles, gar alles, was du durch die Folgen der inneren Natur der Sachen lehren kannst, das lehre nicht mit Worten. Laß ihn sehen und hören und finden und fallen und aufstehen und irren; keine Worte, wo Handlung, wo Tat möglich; was er selbst tun kann, das soll er tun." [2]

Zur Gestaltung des Freiraums gehört ebenso, den Kindern nicht vorschnell Erklärungen und fertige Lehrmeinungen zu liefern. Diesem Grundsatz folgend, achten die Erzieherinnen auf die Impulse, die von den Kindern kommen. Stellt ein Kind eine Frage, lädt eine Erzieherin gerne die anderen Kinder dazu ein, gemeinsam nachzudenken und Antworten zu finden, statt mit einer eigenen Antwort die Frage schnell abzuhandeln.

Bezugspersonen

Für die Ausformung der in jedem Kind ruhenden, einzigartigen Persönlichkeit ist es unerlässlich, dass Kinder die Möglichkeit haben, sich mit anderen, ihnen vertrauten Menschen über ihre Entdeckungen und Erlebnisse auszutauschen. Im Waldkindergarten vertrauen sich die Kinder mit allem, was sie im Äußeren beobachten und was sie im Inneren bewegt, ihren Erzieherinnen an. Ihr geduldiges Handeln und wertschätzender Umgang mit den Kindern macht sie zu wichtigen Bezugspersonen und helfen den Kindern, zu verstehen und ihre Erkenntnisse zu verinnerlichen. Umgekehrt werden auch die Erwachsenen von dem tief empfundenen Glück und der sprudelnden Begeisterung der Kinder angesteckt. Rachel Carson (1907-1964), die intensiv die Wirkung der Natur auf den Menschen untersucht hat, bemerkt dazu: *„Wenn ein Kind seinen angeborenen Sinn für Wunder lebendig halten soll, braucht es die Gesellschaft wenigstens eines Erwachsenen, dem es sich mitteilen kann, der mit dem Kind zusammen die Freude, die Aufregung und das Wunderbare der Welt, in der wir leben, wieder entdeckt."* [3]

---

1 Feuchtersleben, Ernst Freiherr von: *Beiträge zur Literatur, Kunst- und Lebenstheorie*, Kap. 4, S. 1
2 Pestalozzi, Johann Heinrich : *Sämtliche Werke, Band 1*, S. 127
3 Cornell, Joseph: *Auf die Natur hören*, S.50

Literaturverzeichnis

Cornell, Joseph: *Auf die Natur hören,* Verlag an der Ruhr, Mühlheim an der Ruhr 1991.

Feuchtersleben, Ernst Freiherr von: *Beiträge zur Literatur, Kunst- und Lebenstheorie,* Bd. 1, o.O. 1841.

Fröbel, Friedrich Wilhelm August: *Kommt lasst uns unsern Kindern leben!,* Band 1 u. 2; Volk und Wissen Volkseigener Verlag, Berlin 1982.

Goethe, Johann Wolfgang von: *Dichtung und Wahrheit,* in: *Insel Goethe Werkausgabe,* Bd. 5, Insel Verlag, Frankfurt/Main 1970.

Hesse, Hermann: *Eine Stunde Hinter Mitternacht,* in: *Gesammelte Werke,* Bd. 1, Suhrkamp, Frankfurt/Main 1987.

Hesse, Hermann: *Kindheit des Zauberers,* Insel Verlag, Frankfurt/Main 1974.

Hüther, Gerald u. Hauser, Uli: *Jedes Kind ist hochbegabt,* Albrecht Knaus Verlag, München 2012.

Hüther, Gerald u. Quarch, Christoph: *Rettet das Spiel!,* Carl Hanser Verlag, München 2016.

Miklitz, Ingrid: *Der Waldkindergarten,* Luchterhand Verlag, Neuwied 2000.

Pestalozzi, Johann Heinrich: *Sämtliche Werke,* Bd. 1, W. de Gruyter & Co., Berlin u. Leipzig 1927.

Renz-Polster, Herbert u. Hüther, Gerald: *Wie Kinder heute wachsen,* Beltz Verlag, Weinheim 2013.

Richter, Jean Paul: *Levana oder Erziehlehre,* in: *Gesammelte Werke,* Bd. 5, Carl Hanser Verlag, München 1963.

Oswald, Paul u. Schulz-Benesch, Günter: *Grundgedanken der Montessori-Pädagogik,* Herder Verlag, Freiburg im Breisgau 1967.

Zimmer, Renate: *Toben macht schlau!,* 4. Aufl., Herder Verlag, Freiburg 2004.

Biographisches
Sonja Schmitz

1967 geboren. Nach der Ausbildung zur Bankkauffrau arbeitete sie in unterschiedlichen Finanzinstituten als Kundenberaterin, Gruppenleiterin, Geschäftsstellenleiterin und Vermögensberaterin. Im Jahre 1998 absolvierte sie eine Trainer- und zwei Jahre später eine Beraterausbildung. In kurzen Abständen folgten Ausbildungen zur Holistischen Beraterin, Meditationslehrerin und Lehrerin für Holistische Beratung.

Seit 2002 ist sie als selbständige Trainerin für Rhetorik, Effektive Sprache, Präsentation und Telefonmarketing tätig. Nach der Geburt ihrer zweiten Tochter im Jahre 2008 qualifizierte sie sich zur Sprachförderlehrerin des Landes Rheinland-Pfalz und leitet seitdem auch Sprachförderkurse in Kindertagesstätten.

Frau Schmitz hat das von der Lenz-Stiftung geförderte Projekt *Das wache Auge* an der Sophie-Scholl-Schule in Bad Nauheim durchgeführt und dokumentiert. Das Ergebnis ist in der stiftungseigenen Edition (ISBN-978-3-93088-45-6) als Band 42 nachzulesen. Ihr Vortrag im Rahmen der Bildungsreihe *KulturForumWissen 2011* über *Olympe de Gouges – Um die Rechte der Frau* ist im Editionsband 26 (ISBN-978-3-938088-29-6) nachzulesen. In Band 38 *KulturForum-Wissen 2014* (ISBN-978-3-938088-41-8) ist der gemeinsam mit ihrem Mann und ihrer ältesten Tochter gehaltene Vortrag über Till Eulenspiegel und Münchhausen veröffentlicht.

EINE STIFTUNG zur Erneuerung geistiger Werte

Die Dr.-Ing.-Hans-Joachim-Lenz-Stiftung wurde 2002 als rechtsfähige öffentliche Stiftung des bürgerlichen Rechts mit Sitz in Mainz gegründet. Sie verfolgt ausschließlich und unmittelbar gemeinnützige Zwecke.

Im Wege der finanziellen Unterstützung fördert sie innovative und modellhafte Projekte auf den Gebieten der Bildung und Erziehung mit dem Ziel der Erneuerung geistiger Werte. Als Impulsgeber und Motor für dauerhafte und nachhaltige Konzepte konzentriert sie sich auf die junge Generation. Jugendliche für das Leben zu befähigen, an Werte des Geistes, an Würde, Freiheit und Toleranz zu erinnern, ist ihre höchste Aufgabe. Sie will Menschen begleiten vom Kindesalter bis zur Berufsreife, ohne soziale, politische, religiöse Unterscheidung im Sinne des Grundgesetzes. Die Themen der Stiftung sind:

Bildung

Hebung des kulturellen Niveaus
Erweiterung des allgemeinen Wissens
Zusammenführung von Geistes- und Naturwissenschaften
Persönlichkeitsentfaltung
Erneuerung eines humanistischen Menschenbildes

Erziehung

Entwicklung und Erprobung neuer Lehr- und Lernmethoden durch

- Spielendes Lernen
- Lernen durch Vorbild
- Wissenserwerb statt Wissensvermittlung

Sprache

Erhaltung und Stärkung der deutschen Sprache
Erweiterung und Pflege des Wortschatzes
Sprachliche Ausdrucksformen in Literatur und Poesie
Persönlichkeitsentfaltung durch Sprache, denn:

Mit unserer Sprache sind wir ein Leben lang unterwegs.

Die Förderung von Projekten im Sinne der Stiftungsziele wird aus Spendenmitteln finanziert. Die Akzeptanz der Stiftungsziele und des Förderprogramms drücken Spender mit ihren finanziellen Beiträgen aus. Wir freuen uns über jede Zuwendung:

Mainzer Volksbank IBAN DE29 5519 0000 0004 0040 40, BIC MVBMDE55

DR.-ING.-HANS-JOACHIM-LENZ-STIFTUNG
STIFTUNG ZUR ERNEUERUNG GEISTIGER WERTE

Am Michelsberg 1, D-55131 Mainz, Tel. 06131-832255, Fax 06131-85534
E-Mail: info@lenz-stiftung-mainz.de, www.lenz-stiftung-mainz.de

EDITION

ERNEUERUNG GEISTIGER WERTE

Dr.-Ing.-Hans-Joachim-Lenz-Stiftung

In der Edition werden Forschungsergebnisse und Modellprojekte aus dem Förderprogramm der Dr.-Ing.-Hans-Joachim-Lenz-Stiftung im Sinne der Nachhaltigkeit und Gemeinnützigkeit publiziert.

Band 1 - Die heilige Stadt
Eine Vision am Beispiel der Stadt Mainz
von Hans-Joachim Lenz,
56 Seiten, broschiert, € 8,80
ISBN 978-3-938088-00-5

Band 2 - Am Anfang waren die Werte
Plädoyer für eine Neuorientierung in der Erziehung
von Kindern und Jugendlichen
von Gabriela Wolf
132 Seiten, broschiert, € 13,80
ISBN 978-3-938088-01-2

Band 3 - Leben ist Spiel
Eine Ferienwoche als Lebensschule
von Gabriela Wolf mit Christine Bredenhöller, Andrea Heck, Angelika Humann, Margit Kluge, Reinhild Michel, Sonja Wagener, Heidi Wiehr, reich bebildert.
192 Seiten, broschiert, € 25,00
ISBN 978-3-938088-02-9

Band 13 - De Dignitate Hominis
Zum Menschenbild in der Geschichte der Pädagogik
von Gabriela Wolf
160 Seiten, broschiert, € 13,80
ISBN 978-3-938088-09-8

Band 14 - Handeln als gelebter Wert
Aus Hannah Arendts Leben und Werk
von Patricia Rehm
146 Seiten, broschiert, € 12,80
ISBN 978-3-938088-15-9

Band 15 - KulturForumWissen 2007
„Wir sind auf dem Weg."
Ein Menschenbild zwischen Geist und Materie
von Hans-Joachim Lenz
52 Seiten, broschiert, € 5,80
ISBN 978-3-938088-16-6

Band 18 - Das Tagebuch
Ein Medium zur Selbstreflexion
von Sabine Gruber
122 Seiten, broschiert, € 10,80
ISBN 978-3-938088-19-7

Band 19 - Leben ist Spiel II
Eine Ferienwoche als Lebensschule in Overath
von Petra Ehrler u. a., reich bebildert
158 Seiten, broschiert, € 14,90
ISBN 978-3-938088-21-0

Band 20 - KulturForumWissen 2008
Vergessene Werte – Von den Wurzeln der Kultur
239 Seiten, broschiert, € 22,90
ISBN 978-3-938088-22-7

Band 21 - KulturForumWissen 2009
Liebe – das All-Eine
173 Seiten, broschiert, € 16,80
ISBN 978-3-938088-24-1

Band 22 - Das vergessene Wort IV
Vom Reichtum der deutschen Sprache
am Elisabeth-Gymnasium, Marburg, und
an der Freien Waldorfschule, Marburg
von Katrin Bibiella mit Angelika Humann
127 Seiten, broschiert, € 11,80
ISBN 978-3-938088-25-8

Band 23 - Das Hohelied vom Menschen
Eugen Finks Deutung der menschlichen Existenz
von Angelika Humann
85 Seiten, broschiert, € 8,80
ISBN 978-3-938088-26-5

Band 24 - KulturForumWissen 2010
Menschen, die die Welt bewegten
167 Seiten, broschiert, € 16,80
ISBN 978-3-938088-27-2

Band 25 - Musikalischer Spielraum
Frühbildung mit Wort, Klang und Bewegung
von Melanie Ries und Petra Ehrler
76 Seiten, broschiert, € 12,90
ISBN 978-3-938088-28-9

Band 26 - KulturForumWissen 2011
Menschen, die die Welt bewegten
181 Seiten, broschiert, € 18,80
ISBN 978-3-938088-29-6

Band 27 - Das vergessene Wort V
Vom Reichtum der deutschen Sprache
am Kaiserin-Friedrich-Gymnasium, Bad Homburg
von Katrin Bibiella mit Angelika Humann
142 Seiten, broschiert, € 14,90
ISBN 978-3-938088-30-2

Band 28 - Des Wortes sanfte Macht
Salongespräche
von Ariane Martin
122 Seiten, broschiert, € 13,80
ISBN 978-3-938088-31-9

Band 29 - Das vergessene Wort VI
Vom Reichtum der deutschen Sprache
am Pädagogium Bad Sachsa
von Katrin Bibiella
98 Seiten, broschiert, € 11,90
ISBN 978-3-938088-32-6

Band 30 - Das vergessene Wort VII
Vom Reichtum der deutschen Sprache
am Ratsgymnasium Minden
von Angelika Humann
105 Seiten, broschiert, € 10,90
ISBN 978-3-938088-33-3

Band 31 - KulturForumWissen 2012
Soziale Modelle – Poesie des Lebens?
187 Seiten, broschiert, € 19,90
ISBN 978-3-938088-34-0

Band 32 - Briefe – Zeugnisse deutscher Sprachkultur
Von den Anfängen bis zur Gegenwart
von Katrin Bibiella
171 Seiten, broschiert, € 19,90
ISBN 978-3-938088-35-7

Band 33 - KulturForumWissen 2013
Menschen, die den Weg ins Ungewisse wagten
180 Seiten, broschiert, € 21,90
ISBN-13 978-3-938088-36-4

Band 34 - Mutter oder Göttin
Frühzeitliche Kultur im Osten Europas
von Jaqueline Mischer
175 Seiten, broschiert, € 17,90,
ISBN 978-3-938088-37-1

Band 35 - Das vergessene Wort in Heilbronn
Vom Reichtum der deutschen Sprache
am Robert-Mayer-Gymnasium Heilbronn
von Angelika Humann
115 Seiten, broschiert, € 12,90
ISBN 978-3-938088-38-8

Band 36 - Der Gral bei Wolfram von Eschenbach und Richard Wagner
Metamorphosen eines Motivs
von Liliana Emilia Dumitriu
244 Seiten, broschiert € 22,80
ISBN 978-3-938088-39-5

Band 37 - Das vergessene Wort in Würzburg
Vom Reichtum der deutschen Sprache
von Angelika Humann
112 Seiten, broschiert € 12,90
ISBN 978-3-938088-40-1

Band 38 - KulturForumWissen 2014
Die großen Komödianten
176 Seiten, broschiert € 18,90
ISBN 978-3-938088-41-8

Band 39 - Das vergessene Wort in Hanau
Vom Reichtum der deutschen Sprache
von Angelika Humann
108 Seiten, broschiert, € 10,90
ISBN 978-3-938088-42-5

Band 40 - KulturForumWissen 2015
Menschen, die die Welt beherrschen wollten
– eine kritische Betrachtung
156 Seiten, broschiert € 18,90
ISBN 978-3-938088-43-2

Band 41 - Das vergessene Wort in Heilbronn II
Vom Reichtum der deutschen Sprache
von Angelika Humann
100 Seiten, broschiert, € 11,90
ISBN 978-3-938088-44-9

Band 42 - Das wache Auge
leben ist wahrnehmen
von Sonja Schmitz
56 Seiten, broschiert, € 11,50
ISBN 978-3-938088-45-6

Band 43 - Die offenen Öhrchen
Musikalische Frühförderung in Hürth
von Marianne Quast
42 Seiten, broschiert, € 8,90
ISBN 978-3-938088-46-3

Band 44 - Das vergessene Wort in Buchen
Vom Reichtum der deutschen Sprache
von Angelika Humann
86 Seiten, broschiert, € 9,90
ISBN 978-3-938088-47-0

Band 45 - Die offenen Öhrchen – Musikalische Frühförderung in Bedburg
von Marianne Quast
36 Seiten, broschiert, € 8,90
ISBN 978-3-938088-48-7

Band 46 - Weltsicht im Osten Europas
von Jacqueline Mischer
140 Seiten, broschiert, € 19,90
ISBN 978-3-938088-49-4

Weitere Projekte siehe:
www.lenz-stiftung-mainz.de